AF187476

Impressum
Verlag: BABADADA GmbH, Nedderfeld 112 , 22529 Hamburg
Geschäftsführer / Verlagsleitung: Harald Hof
Druck: Books on Demand GmbH, In de Tarpen 42, 22848 Norderstedt

Imprint
Publisher: BABADADA GmbH, Nedderfeld 112 , 22529 Hamburg, Germany
Managing Director / Publishing direction: Harald Hof
Print: Books on Demand GmbH, In de Tarpen 42, 22848 Norderstedt

escuela
école

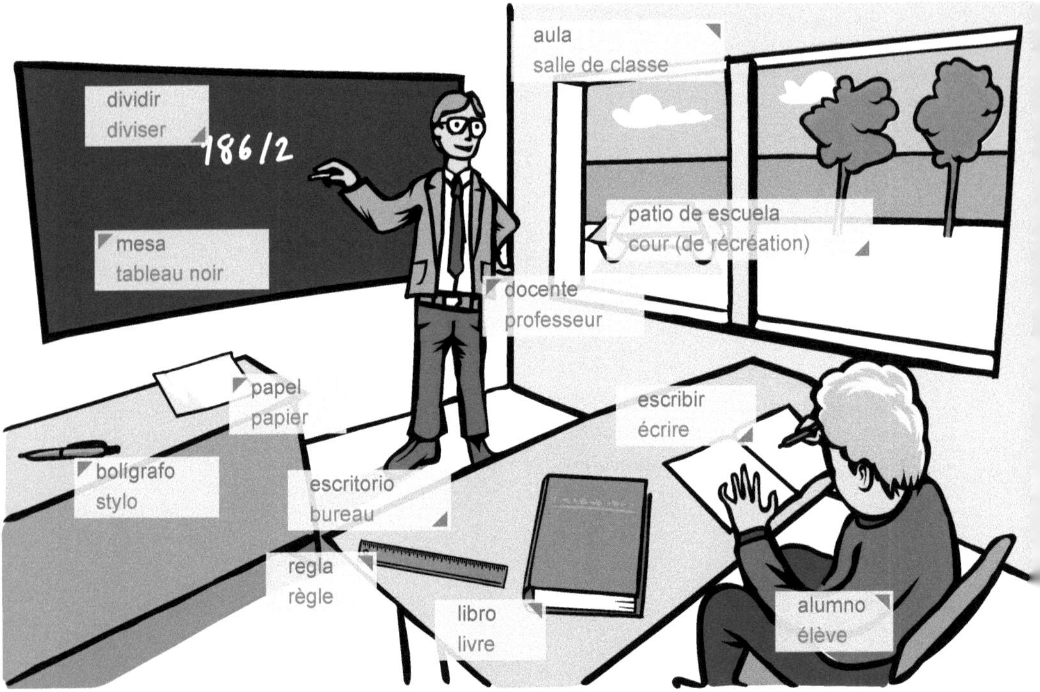

aula
salle de classe
dividir
diviser
186/2
mesa
tableau noir
patio de escuela
cour (de récréation)
docente
professeur
papel
papier
escribir
écrire
bolígrafo
stylo
escritorio
bureau
regla
règle
libro
livre
alumno
élève

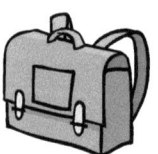

mochila escolar

cartable

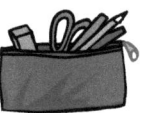

caja de lápices

trousse

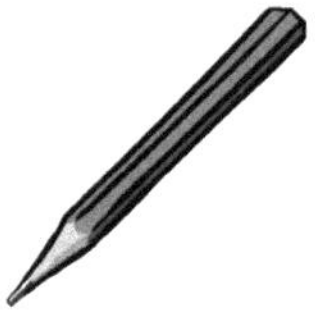

lápiz

crayon

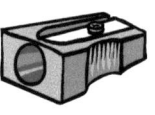

sacapuntas

taille-crayon

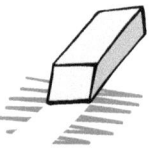

goma de borrar

gomme

bloc de dibujo

carnet à dessin

dibujo
dessin

pincel
pinceau

caja de pinturas
boîte de peinture

tijera
ciseaux

pegamento
colle

libro de ejercicios
cahier d'exercices

tarea
devoirs

número
chiffre

2+2

sumar
additionner

5-2

restar
soustraire

multiplicar
multiplier

calcular
calculer

letra
lettre

ABCDEFG
HIJKLMN
OPQRSTU
VWXYZ

alfabeto
alphabet

palabra
mot

texto

texte

leer

lire

tiza

craie

lección

leçon

libro de clase

livre de classe

examen

examen

certificado

certificat

uniforme escolar

uniforme scolaire

educación

formation

enciclopedia

lexique

universidad

université

microscopio

microscope

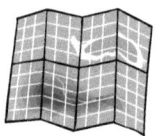

mapa

carte

cesto de papeles

corbeille à papier

escuela - école

viaje
voyage

hotel
hôtel
Grand
albergue
auberge
ROOMS
casa de cambio
bureau de change
maleta
valise
auto
voiture

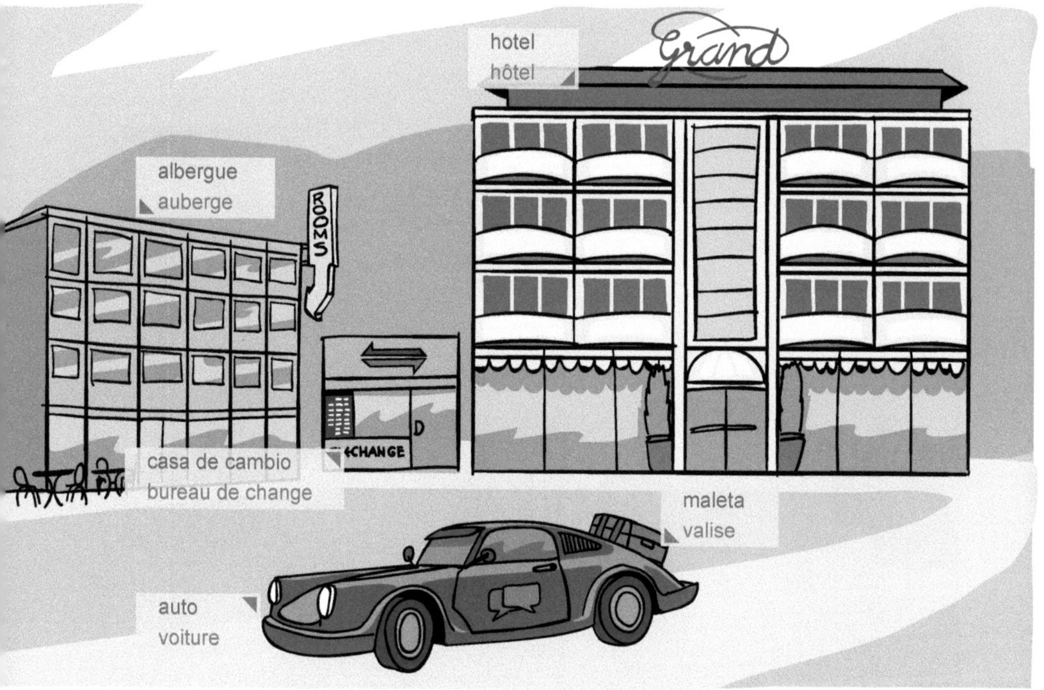

idioma
langue

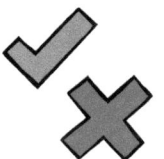

sí / no
oui / non

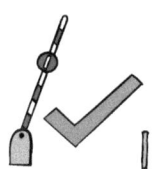

ok
d'accord

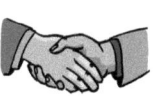

hola
Salut

intérprete
interprète

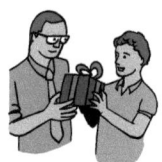

gracias
merci

¿Cuánto cuesta...?

Combien coûte...?

No entiendo

Je ne comprends pas

problema

problème

¡Buenas tardes!

Bonsoir !

¡Buenos días!

Bonjour !

¡Buenas noches!

Bonne nuit !

adiós

Au revoir

dirección

direction

equipaje

bagages

bolso

sac

mochila

sac-à-dos

invitado

hôte

cuarto

pièce

saco de dormir

sac de couchage

tienda de campaña

tente

información al turista

office de tourisme

playa

plage

tarjeta de crédito

carte de crédit

desayuno

petit-déjeuner

almuerzo

déjeuner

cena

dîner

pasaje

billet

ascensor

ascenseur

sello

timbre

límite

frontière

aduana

douane

embajada

ambassade

visa

visa

pasaporte

passeport

viaje - voyage

transporte
transport

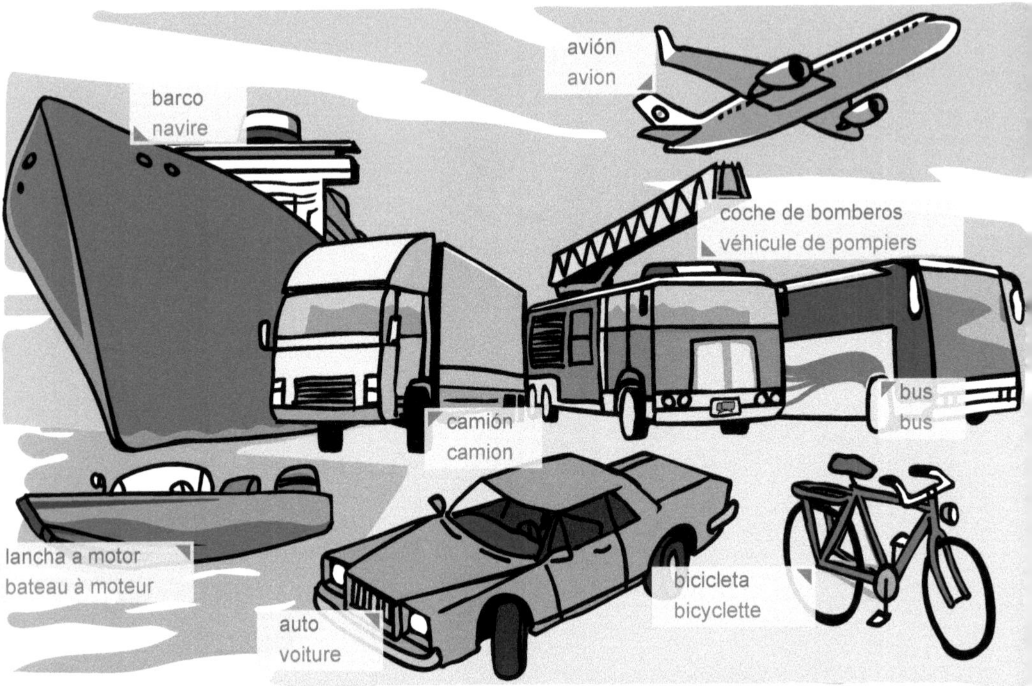

avión
avion
barco
navire
coche de bomberos
véhicule de pompiers
camión
camion
bus
bus
lancha a motor
bateau à moteur
bicicleta
bicyclette
auto
voiture

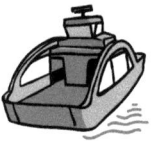

balsa
ferry

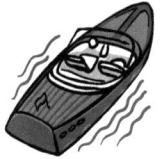

lancha
barque

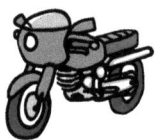

motocicleta
moto

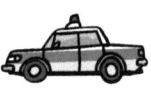

auto de policia
voiture de police

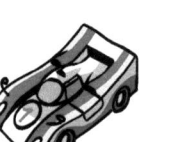

auto de carreras
voiture de course

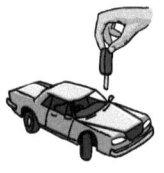

auto de alquiler
voiture de location

alquiler de autos

auto-partage

grúa

voiture de remorquage

vehículo recolector de basura

benne à ordures

motor

moteur

gasolina

essence

gasolinera

station d'essence

señal de tráfico

panneau indicateur

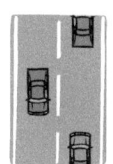

tránsito

trafic

atasco

embouteillage

estacionamiento

parking

estación de tren

gare

carril

rails

tren

train

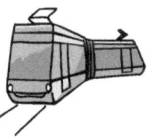

tranvía

tramway

vagón

wagon

helicóptero

hélicoptère

aeropuerto

aéroport

torre

tour

pasajero

passager

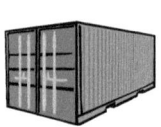

contenedor

conteneur

caja de cartón

carton

carro

chariot

cesta

corbeille

despegar / aterrizar

décoller / atterrir

ciudad

ville

aldea

village

centro de la ciudad

centre-ville

casa

maison

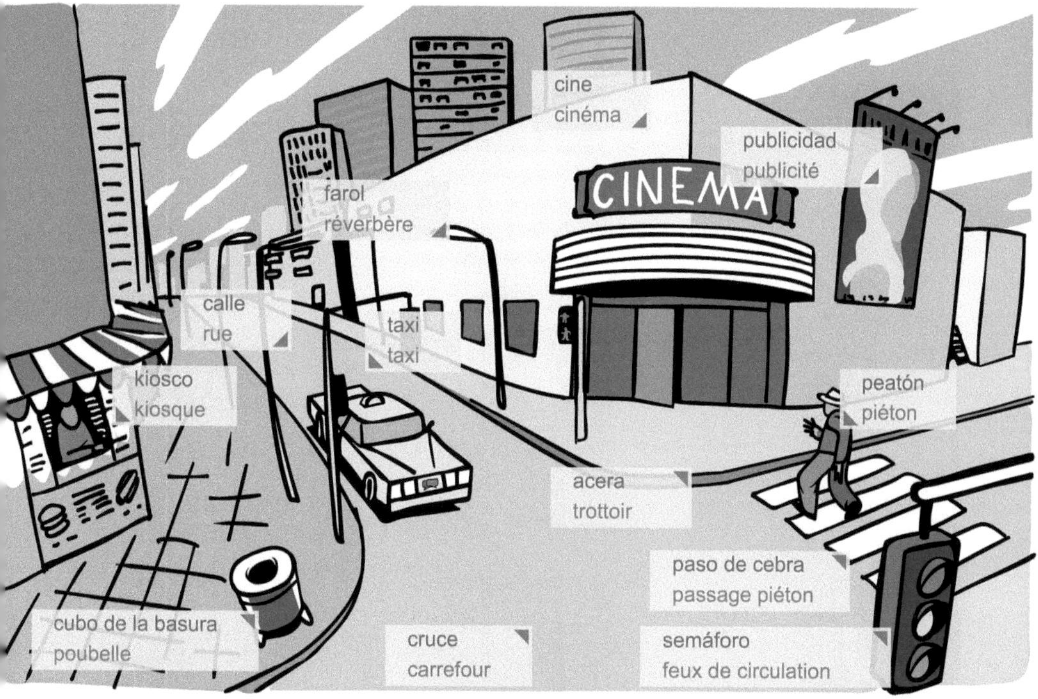

cine
cinéma

publicidad
publicité

farol
réverbère

CINEMA

calle
rue

taxi
taxi

kiosco
kiosque

peatón
piéton

acera
trottoir

paso de cebra
passage piéton

cubo de la basura
poubelle

cruce
carrefour

semáforo
feux de circulation

cabaña
cabane

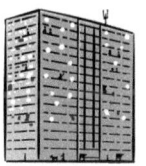

apartamento
appartement

estación de tren
gare

ayuntamiento
mairie

museo
musée

escuela
école

universidad

université

banco

banque

hospital

hôpital

hotel

hôtel

farmacia

pharmacie

oficina

bureau

librería

librairie

negocio

magasin

florería

fleuriste

supermercado

supermarché

mercado

marché

grandes almacenes

grand magasin

pescadería

poissonnerie

centro comercial

centre commercial

puerto

port

parque

parc

banco

banque

puente

pont

escalera

escaliers

metro

métro

túnel

tunnel

parada de autobuses

arrêt de bus

bar

bar

restaurante

restaurant

buzón de correo

boîte à lettres

letrero

panneau indicateur

parquímetro

parcmètre

zoológico

zoo

piscina

piscine

mezquita

mosquée

ciudad - ville

granja
ferme

polución
pollution

cementerio
cimetière

iglesia
église

parque infantil
aire de jeux

templo
temple

paisaje
paysage

hoja
feuille

indicador de camino
panneau indicateur

sendero
chemin

pradera
pré

piedra
pierre

árbol
arbre

caminante
randonneur

río
rivière

pasto
herbe

flor
fleur

valle
vallée

montaña
montagne

lago
lac

bosque
forêt

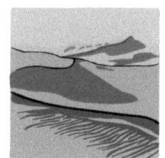

desierto
désert

volcán
volcan

castillo
château

arco iris
arc-en-ciel

seta
champignon

palmera
palmier

mosquito
moustique

mosca
mouche

hormiga
fourmis

abeja
abeille

araña
araignée

paisaje - paysage

escarabajo

coléoptère

rana

grenouille

ardilla

écureuil

erizo

hérisson

liebre

lièvre

lechuza

chouette

pájaro

oiseau

cisne

cygne

jabalí

sanglier

ciervo

cerf

alce

élan

embalse

barrage

aerogenerador

éolienne

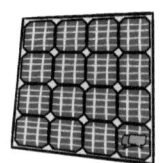

módulo solar

panneau solaire

clima

climat

restaurante
restaurant

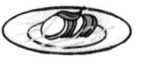

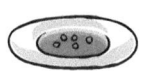

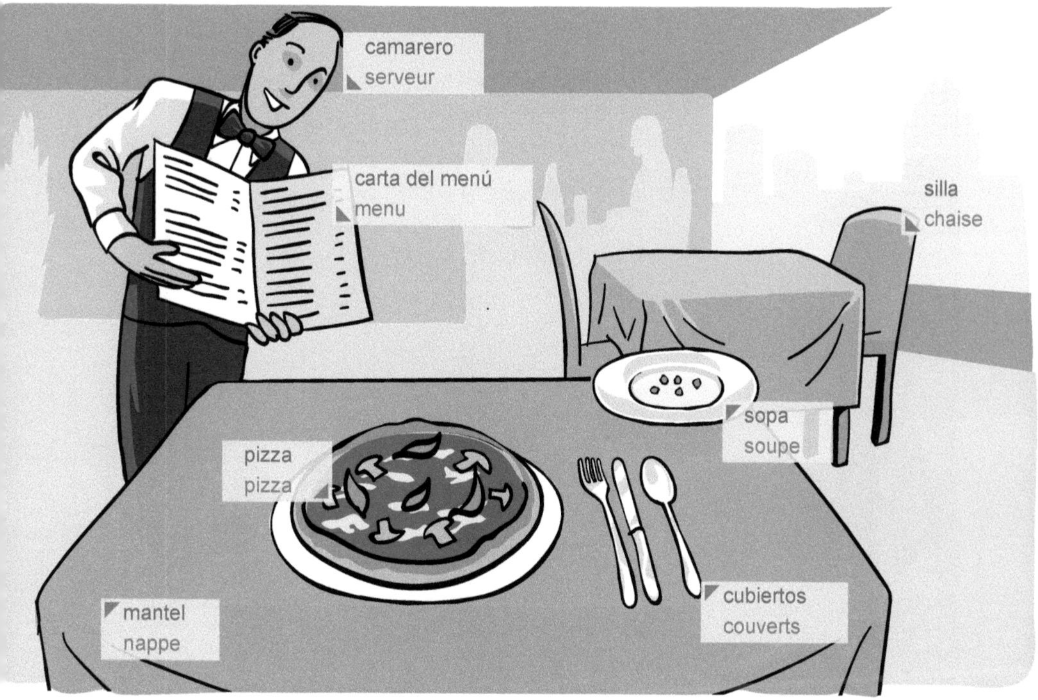
camarero
serveur
carta del menú
menu
silla
chaise
sopa
soupe
pizza
pizza
cubiertos
couverts
mantel
nappe

entrada
hors d'œuvre

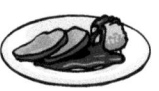

plato principal
plat principal

postre
dessert

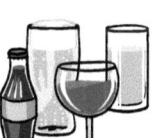

bebida
boissons

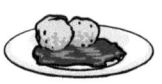

comida
alimentation

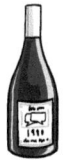

botella
bouteille

comida rápida

fast-food

comida callejera

plats à emporter

tetera

théière

azucarera

sucrier

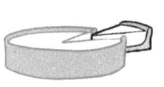

porción

portion

máquina de espresso

machine à expresso

silla alta

chaise haute

factura

facture

bandeja

plateau

cuchillo

couteau

tenedor

fourchette

cuchara

cuillère

cuchara de té

cuillère à thé

servilleta

serviette

vaso

verre

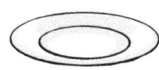

plato

assiette

plato de sopa

assiette à soupe

platillo

soucoupe

salsa

sauce

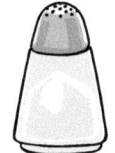

salero

salière

molinillo para pimienta

moulin à poivre

vinagre

vinaigre

aceite

huile

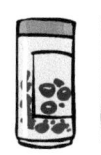

especias

épices

ketchup

ketchup

mostaza

moutarde

mayonesa

mayonnaise

supermercado
supermarché

oferta
offre promotionnelle
FOR
cliente
client
productos lácteos
produits laitiers
fruta
fruits
carrito de compras
chariot

BUTCHERS

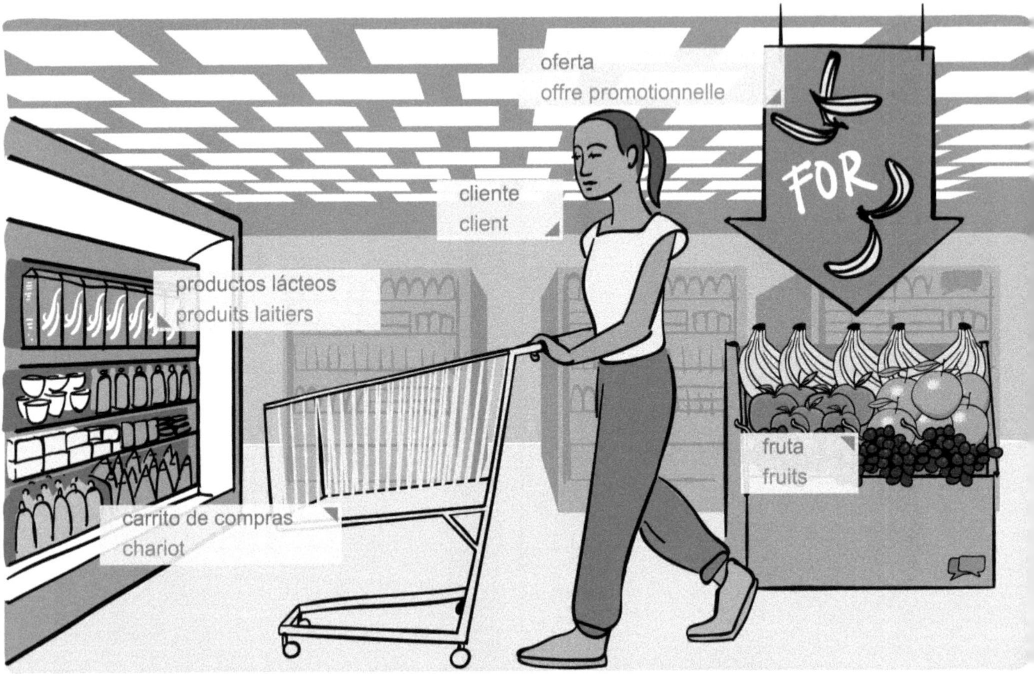

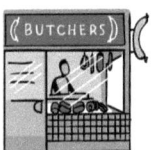

carnicería

boucherie

BAKERY

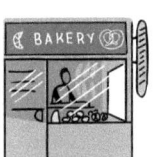

panadería

boulangerie

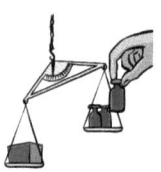

pesar

peser

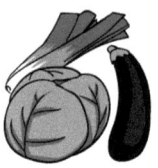

verdura

légumes

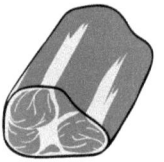

carne

viande

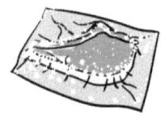

alimentos congelados

aliments surgelés

fiambre
charcuterie

conservas
conserves

detergente en polvo
poudre à lessive

dulces
bonbons

artículos domésticos
articles ménagers

productos de limpieza
détergents

vendedora
vendeuse

caja
caisse

cajero
caissier

lista de compras
liste d'achats

horario de atención
heures d'ouverture

cartera
portefeuille

tarjeta de crédito
carte de crédit

maleta
sac

bolsa plástica
sac en plastique

agua

eau

jugo

jus de fruit

leche

lait

refresco de cola

coca

vino

vin

cerveza

bière

alcohol

alcool

cacao

chocolat chaud

té

thé

café

café

espresso

expresso

cappuccino

cappuccino

banana

banane

manzana

pomme

naranja

orange

sandía

melon

limón

citron

zanahoria

carotte

ajo

ail

bambú

bambou

cebolla

oignon

seta

champignon

nueces

noisettes

fideos

pâtes

espagueti

spaghetti

arroz

riz

ensalada

salade

patatas fritas

pommes frites

patatas salteadas

pommes de terre rôties

pizza

pizza

hamburguesa

hamburger

sándwich

sandwich

escalope

escalope

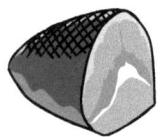

jamón

jambon

salame

salami

embutido

saucisse

pollo

poulet

asado

rôti

pescado

poisson

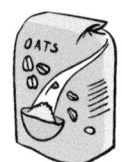

copos de avena

flocons d'avoine

musli

muesli

copos de maíz tostado

cornflakes

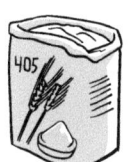

harina

farine

croissant

croissant

panecillo

petits-pains

pan

pain

tostada

pain grillé

galletas

biscuits

mantequilla

beurre

cuajada

le fromage blanc

pastel

gâteau

huevo

œuf

huevo frito

œuf au plat

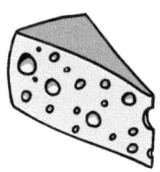

queso

fromage

helado
glace

azúcar
sucre

miel
miel

mermelada
confiture

praliné
crème nougat

curry
curry

comida - alimentation

granja
ferme

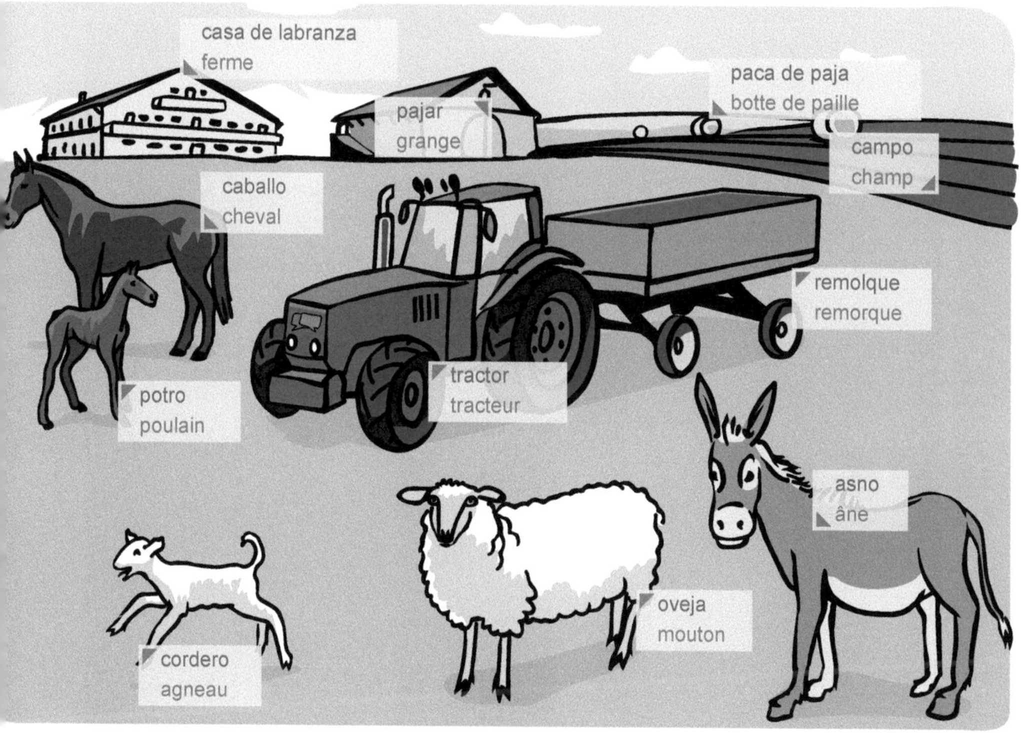

casa de labranza
ferme
pajar
grange
paca de paja
botte de paille
campo
champ
caballo
cheval
remolque
remorque
potro
poulain
tractor
tracteur
asno
âne
oveja
mouton
cordero
agneau

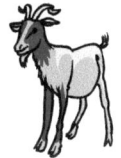

cabra
chèvre

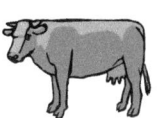

vaca
vache

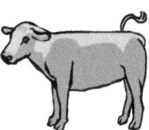

ternero
veau

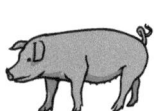

cerdo
porc

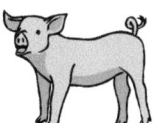

lechón
porcelet

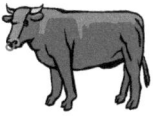

toro
taureau

ganso

oie

pato

canard

polluelo

poussin

pollo

poule

gallo

coq

rata

rat

gato

chat

ratón

souris

buey

bœuf

perro

chien

caseta del perro

chenil

manguera de riego

tuyau de jardin

regadera

arrosoir

guadaña

faucheuse

arado

charrue

hoz

faucille

azada

pioche

bieldo

fourche

hacha

hache

carretilla

brouette

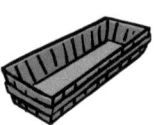

abrevadero

cuve

lechera

pot à lait

saco

sac

cerca

clôture

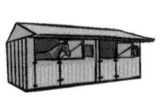

establo

étable

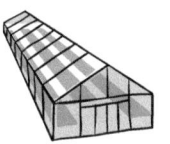

invernadero

serre

suelo

sol

semilla

semences

fertilizante

engrais

cosechadora

moissonneuse-batteuse

cosechar

récolter

cosecha

récolte

raíz de ñame

igname

trigo

blé

soja

soja

patata

pomme de terre

maíz

maïs

colza

colza

Árbol frutal

arbre fruitier

mandioca

manioc

cereales

céréales

casa

maison

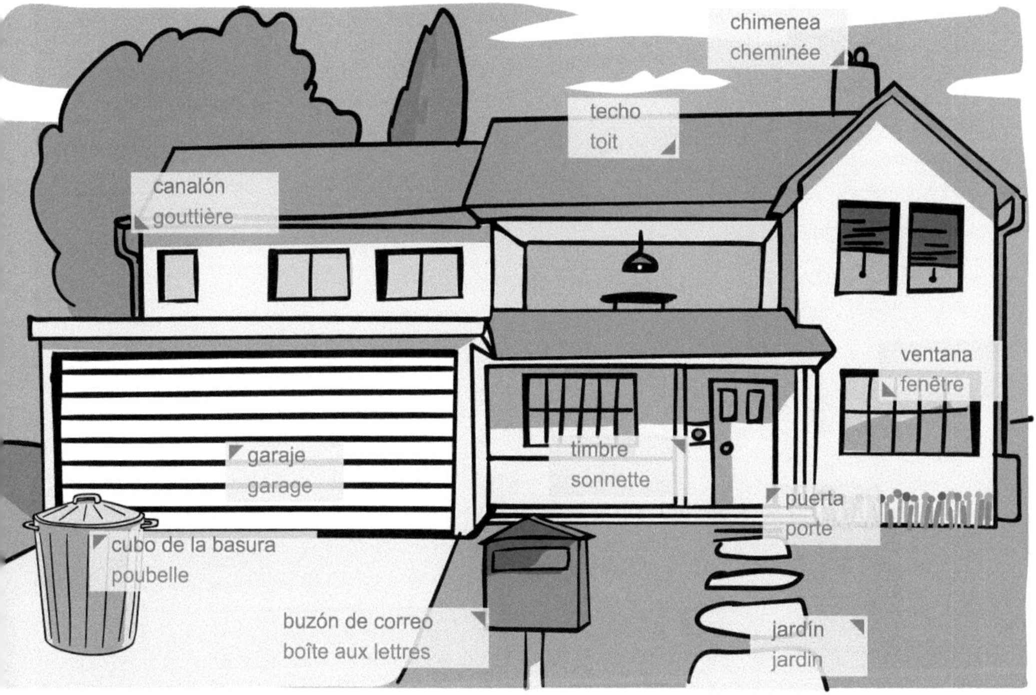

chimenea
cheminée
techo
toit
canalón
gouttière
ventana
fenêtre
timbre
sonnette
garaje
garage
puerta
porte
cubo de la basura
poubelle
buzón de correo
boîte aux lettres
jardín
jardin

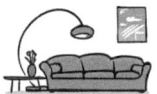

cuarto de estar

salon

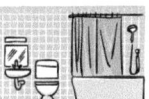

cuarto de baño

salle de bain

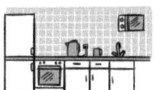

cocina

cuisine

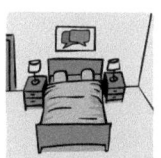

dormitorio

chambre à coucher

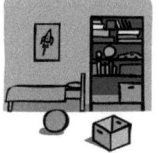

cuarto de los niños

chambre d'enfant

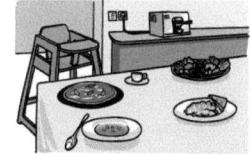

comedor

salle à manger

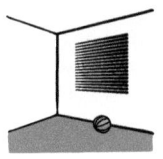

piso
sol

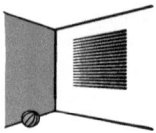

pared
mur

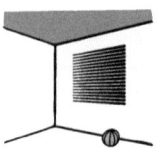

cielorraso
plafond

sótano
cave

sauna
sauna

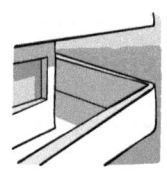

balcón
balcon

terraza
terrasse

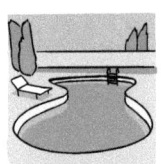

piscina
piscine

cortacésped
tondeuse à gazon

funda nórdica
housse

edredón
couette

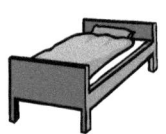

cama
lit

escoba
balai

cubo
sceau

interruptor
interrupteur

cuarto de estar
salon

papel para empapelar
papier peint
imagen
image
lámpara
lampe
estante
étagère
gabinete
armoire
televisor
télé
hogar
cheminée
flor
fleur
cojín
coussin
sofá
sofa
florero
vase
control remoto
télécommande

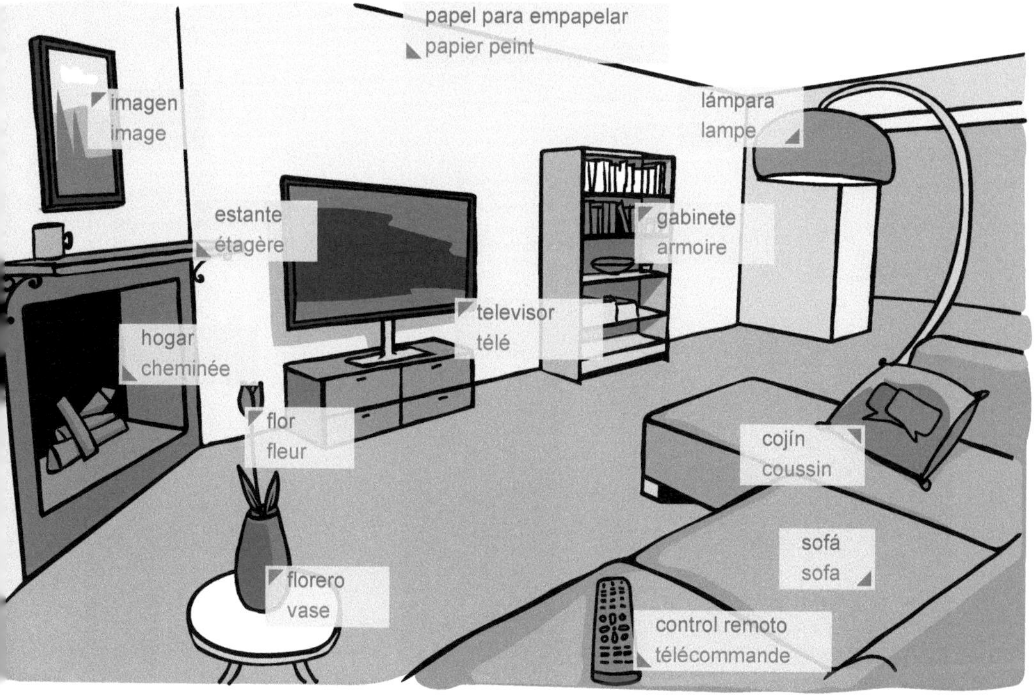

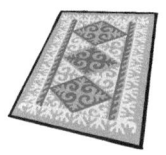

alfombra
tapis

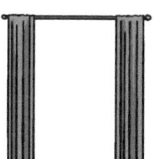

cortina
rideau

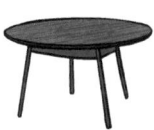

mesa
table

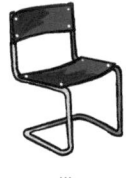

silla
chaise

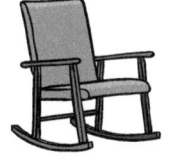

mecedora
chaise à bascule

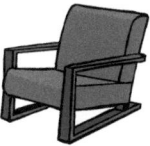

sillón
fauteuil

libro
livre

frazada
couverture

decoración
décoration

leña
bois de chauffage

film
film

equipo estereofónico
chaîne hi-fi

llave
clé

periódico
journal

cuadro
peinture

póster
poster

radio
radio

bloc de notas
bloc-notes

aspiradora
aspirateur

cactus
cactus

vela
bougie

cocina
cuisine

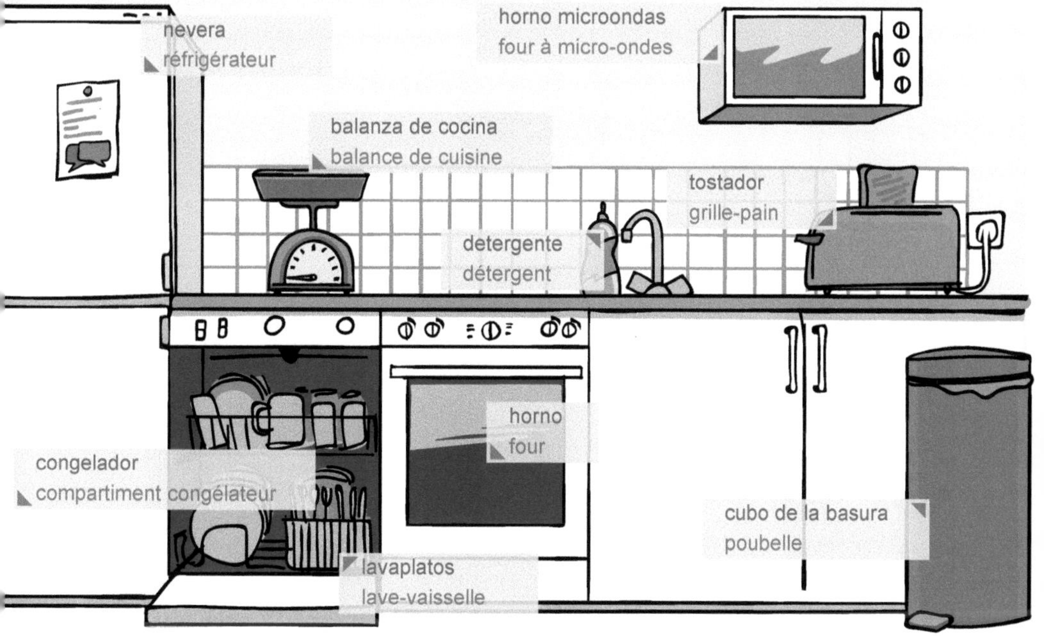

nevera
réfrigérateur
horno microondas
four à micro-ondes
balanza de cocina
balance de cuisine
tostador
grille-pain
detergente
détergent
horno
four
congelador
compartiment congélateur
cubo de la basura
poubelle
lavaplatos
lave-vaisselle

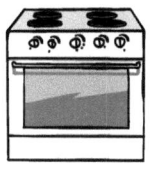

cocina

four

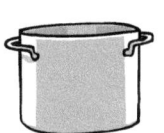

olla

casserole

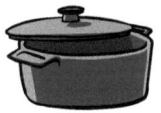

olla de fundición de hierro

marmite

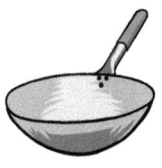

wok / kadai

wok / kadai

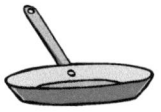

sartén

poêle

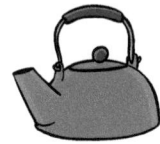

hervidor de agua

bouilloire electrique

olla de vapor

cuiseur vapeur

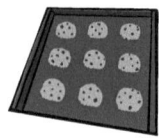

bandeja de horno

plaque de cuisson

vajilla

vaisselle

vaso

gobelet

bol

coupe

palillos para comer

baguettes

cucharón de sopa

louche

espátula

spatule

batidor

fouet

colador

passoire

cedazo

tamis

rallador

râpe

mortero

mortier

parrillada

barbecue

fogata

cheminée

tabla de picar

planche à découper

rodillo

rouleau à pâtisserie

sacacorchos

tire-bouchon

lata

boîte

abrelatas

ouvre-boîte

agarrador

maniques

fregadero

lavabo

cepillo

brosse

esponja

éponge

batidora

mixeur

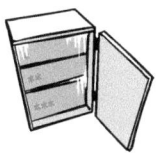

arcón congelador

congélateur

biberón

biberon

grifo

robinet

cuarto de baño

salle de bain

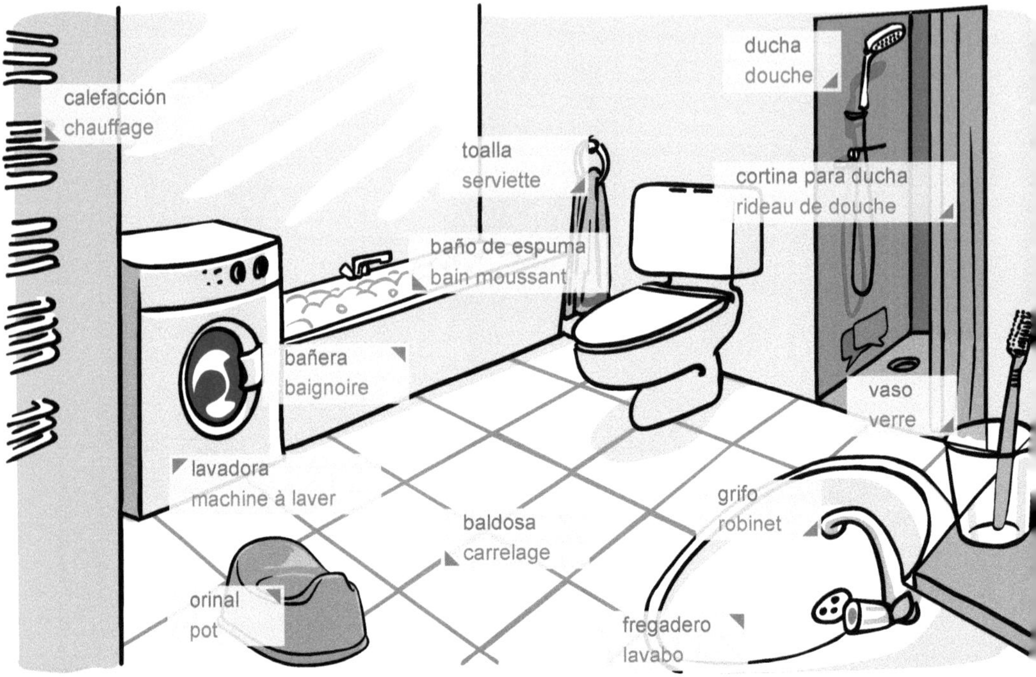

ducha
douche
calefacción
chauffage
toalla
serviette
cortina para ducha
rideau de douche
baño de espuma
bain moussant
bañera
baignoire
vaso
verre
lavadora
machine à laver
grifo
robinet
baldosa
carrelage
orinal
pot
fregadero
lavabo

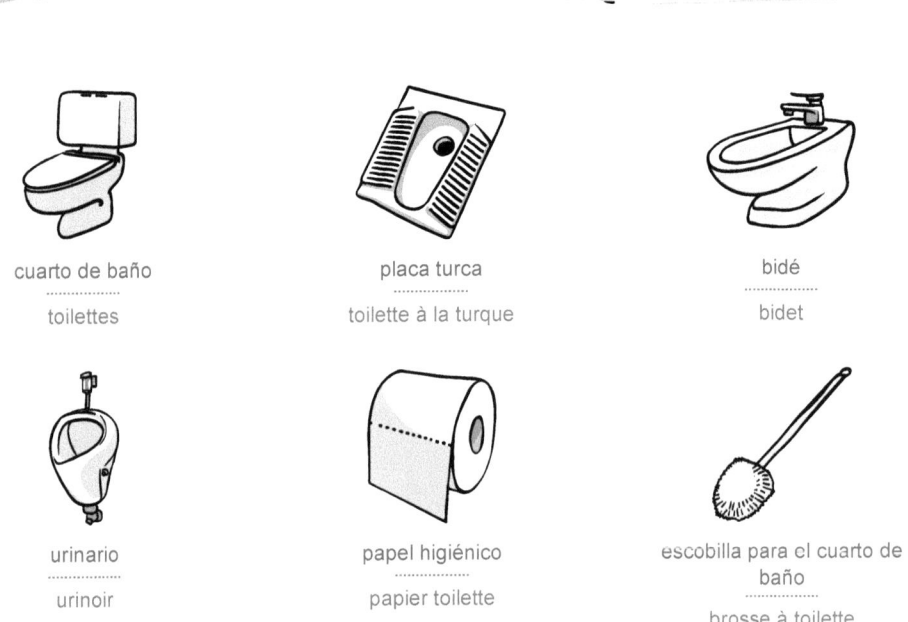

cuarto de baño

toilettes

placa turca

toilette à la turque

bidé

bidet

urinario

urinoir

papel higiénico

papier toilette

escobilla para el cuarto de baño

brosse à toilette

cepillo de dientes

brosse à dents

pasta dentífrica

dentifrice

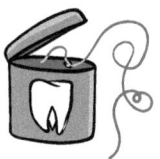

seda dental

fil dentaire

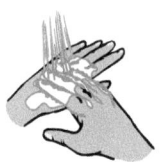

lavar

laver

ducha teléfono

douche manuelle

ducha higiénica

douche intime

cuenco

vasque

cepillo para la espalda

brosse dorsale

jabón

savon

gel de ducha

gel douche

champú

shampooing

manopla para baño

gant de toilette

desagüe

écoulement

crema

crème

desodorante

déodorant

espejo

miroir

espejo de maquillaje

miroir cosmétique

máquina de afeitar

rasoir

espuma de afeitar

mousse à raser

loción para después del afeitado

après-rasage

secador para cabello

sèche-cheveux

peine

peigne

laca de peinado

laque pour cheveux

cepillo

brosse

algodón

ouate

maquillaje

fond de teint

lápiz labial

rouge à lèvres

tijera para uñas

coupe-ongles

laca para uñas

vernis à ongles

perfume

parfum

neceser
trousse de toilette

taburete
tabouret

balanza
pèse-personne

bata de baño
peignoir

guantes de goma
gants de nettoyage

tampón
tampon

compresa
serviettes hygiéniques

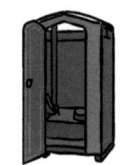

wáter químico
toilette chimique

cuarto de los niños
chambre d'enfant

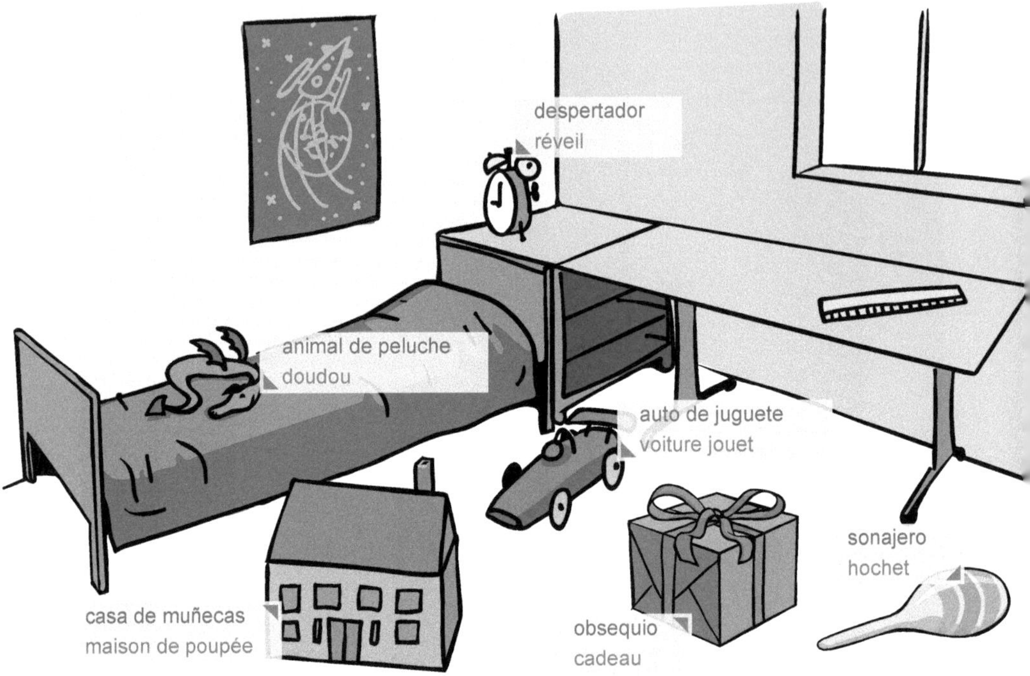

despertador
réveil
animal de peluche
doudou
auto de juguete
voiture jouet
sonajero
hochet
casa de muñecas
maison de poupée
obsequio
cadeau

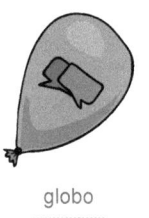

globo
ballon

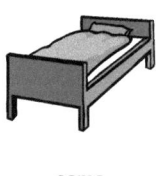

cama
lit

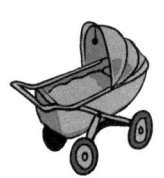

cochecito para niños
poussette

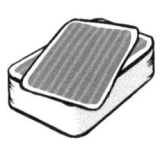

juego de barajas
jeu de cartes

rompecabezas
puzzle

SUPER
MEGA

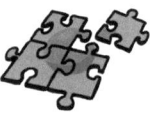

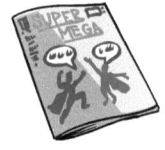

cómic
bande dessinée

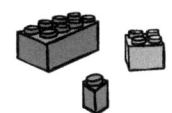

piezas de Lego
pièces lego

bloques para jugar
blocs de construction

figura de acción
figurine

pijama de una pieza
grenouillère

frisbee
frisbee

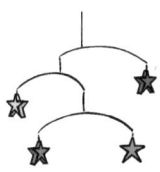

móvil
mobile

juego de mesa
jeu de société

dado
dé

tren eléctrico a escala
train miniature

chupete
sucette

fiesta
fête

libro de dibujos
livre d'images

pelota
balle

títere
poupée

jugar
jouer

arenero
bac à sable

columpio
balançoire

juguetes
jouets

consola de videojuego
console de jeu

triciclo
tricycle

osito de peluche
ours en peluche

guardarropa
armoire

vestimenta
vêtements

calcetines
chaussettes

medias
bas

panti
collant

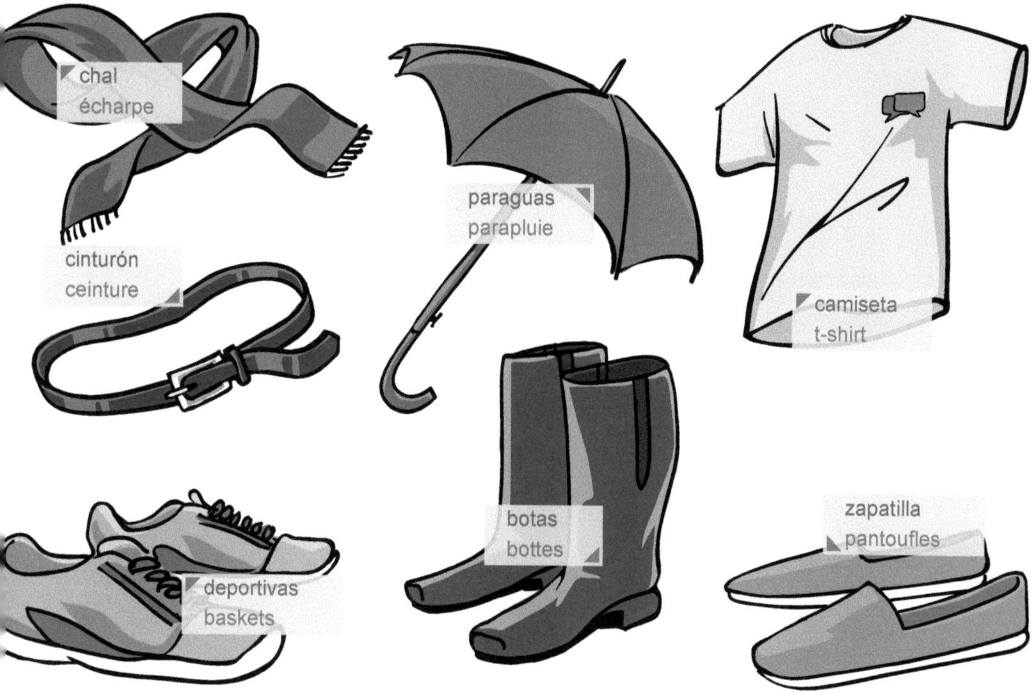

chal
écharpe

cinturón
ceinture

paraguas
parapluie

camiseta
t-shirt

botas
bottes

zapatilla
pantoufles

deportivas
baskets

sandalias
sandales

zapatos
chaussures

botas de goma
bottes de caoutchouc

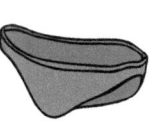

ropa interior
sous-vêtements

corpiño
soutien-gorge

camiseta
maillot de corps

body
body

pantalón
pantalon

jeans
jean

falda
jupe

blusa
chemisier

camisa
chemise

pullover
pull

sweater
sweat à capuche

blazer
veste

chaqueta
veste

abrigo
manteau

impermeable
imperméable

traje chaqueta
costume

vestido
robe

vestido de bodas
robe de mariée

traje

costume

camisón

chemise de nuit

pijama

pyjama

sari

sari

pañuelo de cabeza

foulard

turbante

turban

burka

burqa

caftán

caftan

abaya

abaya

traje de baño

maillot de bain

bañador

maillot de bain

shorts

short

chándal

tenue d'entraînement

delantal

tablier

guante

gants

vestimenta - vêtements

botón

bouton

gafa

lunettes

brazalete

bracelet

cadena

collier

anillo

bague

aro

boucle d'oreille

gorra

bonnet

percha

cintre

sombrero

chapeau

corbata

cravate

cierre a cremallera

fermeture éclair

casco

casque

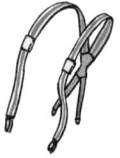

tiradores

bretelles

uniforme escolar

uniforme scolaire

uniforme

uniforme

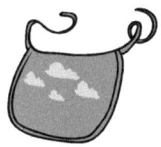

babero

bavoir

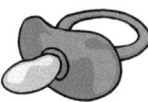

chupete

sucette

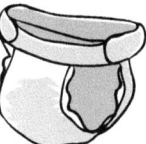

pañal

lange

oficina

bureau

servidor
serveur
archivador
armoire d'archivage
impresora
imprimante
papel
papier
monitor
écran
ratón
souris
escritorio
bureau
carpeta
classeur
teclado
clavier
cesto de papeles
corbeille à papier
ordenador
ordinateur
silla
chaise

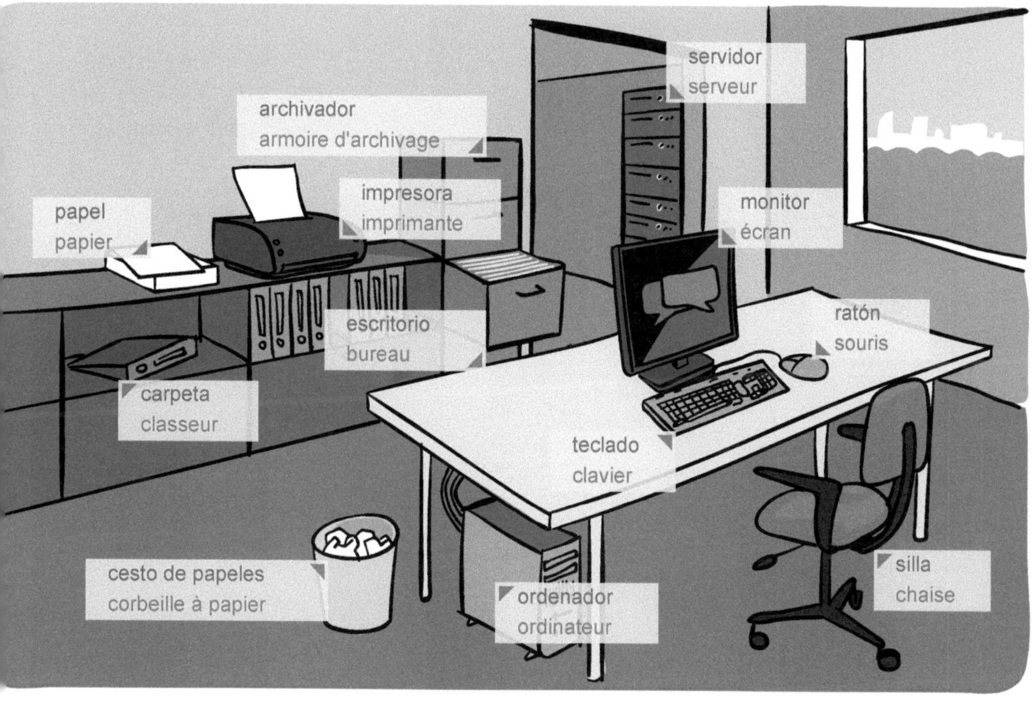

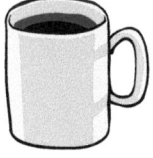

taza de café

tasse de café

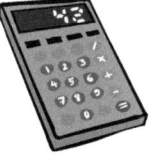

calculadora

calculatrice

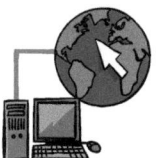

internet

internet

laptop

ordinateur portable

carta

lettre

mensaje

message

teléfono móvil

portable

red

réseau

fotocopiadora

photocopieuse

software

logiciel

teléfono

téléphone

tomacorriente

prise

máquina de fax

fax

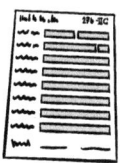

formulario

formulaire

documento

document

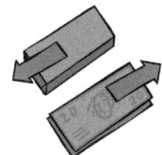

comprar
acheter

pagar
payer

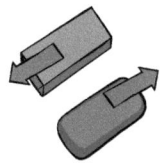

comerciar
faire du commerce

dinero
monnaie

 USD

dólar
dollar

 EUR

euro
euro

 JPY

yen
yen

 RUB

rublo
rouble

 CHF

franco
franc suisse

 CNY

renminbi
renminbi yuan

 INR

rupia
roupie

cajero automático
distributeur automatique

casa de cambio

bureau de change

oro

or

plata

argent

petróleo

pétrole

energía

énergie

precio

prix

contrato

contrat

impuesto

taxe

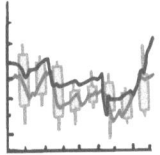

acción

action

trabajar

travailler

empleado

employé

empleador

employeur

fábrica

usine

negocio

magasin

ocupaciones
professions

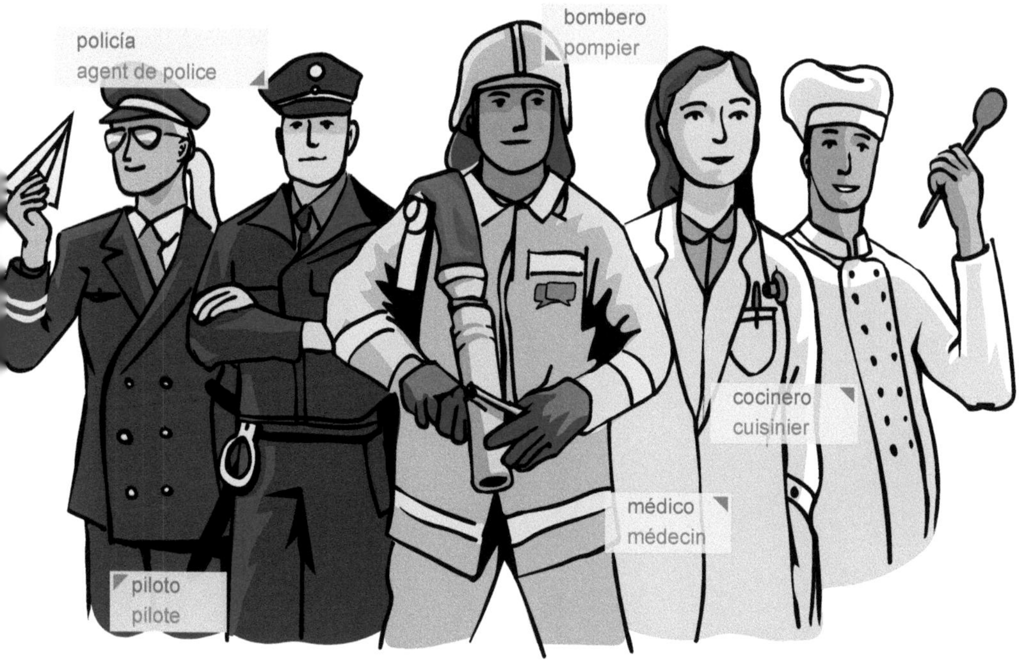
policía
agent de police
bombero
pompier
cocinero
cuisinier
médico
médecin
piloto
pilote

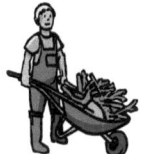

jardinero

jardinier

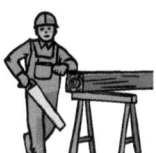

carpintero

menuisier

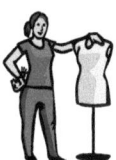

costurera

couturière

juez

juge

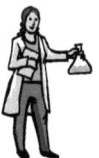

químico

chimiste

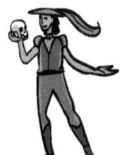

actor

acteur

conductor de autobús

conducteur de bus

taxista

chauffeur de taxi

pescador

pêcheur

mujer de la limpieza

femme de ménage

techista

couvreur

camarero

serveur

cazador

chasseur

pintor

peintre

panadero

boulanger

electricista

électricien

albañil

ouvrier

ingeniero

ingénieur

carnicero

boucher

fontanero

plombier

cartero

facteur

soldado
soldat

arquitecto
architecte

cajero
caissier

florista
fleuriste

peluquero
coiffeur

cobrador
contrôleur

mecánico
mécanicien

capitán
capitaine

odontólogo
dentiste

científico
scientifique

rabino
rabbin

imam
imam

monje
moine

párroco
prêtre

herramientas
outils

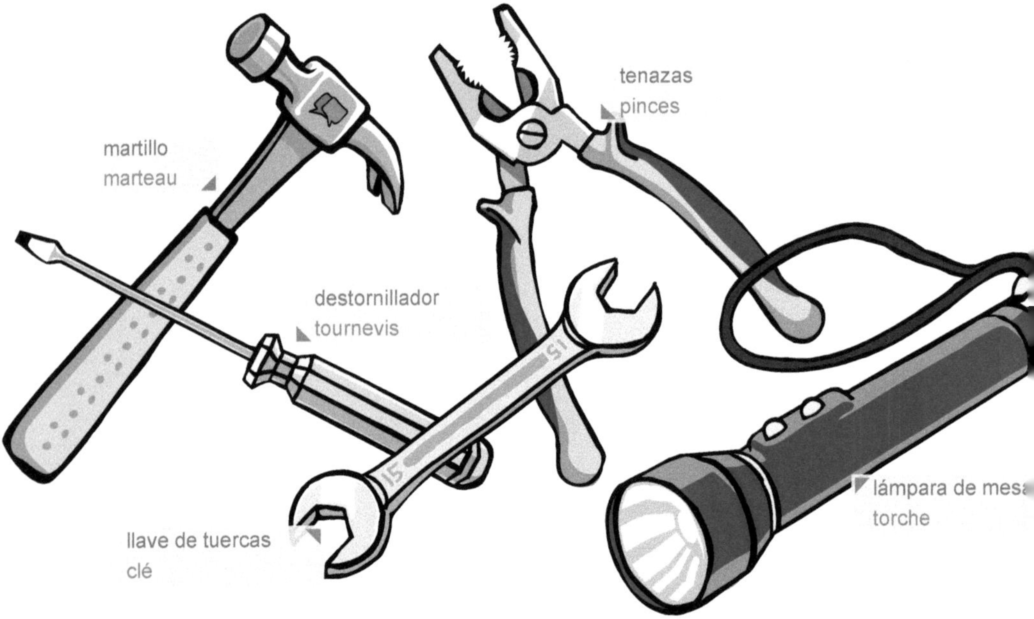

tenazas
pinces
martillo
marteau
destornillador
tournevis
lámpara de mes
torche
llave de tuercas
clé

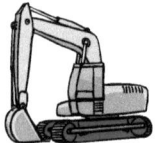

excavadora

pelleteuse

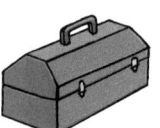

caja de herramientas

boîte à outils

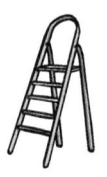

escalerilla

échelle

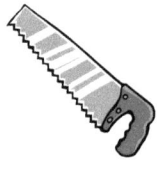

serrucho

scie

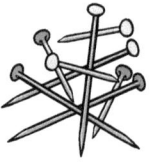

clavos

clous

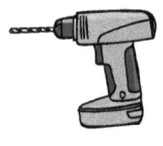

taladro

perceuse

reparar
réparer

pala
pelle

¡Maldición!
Mince !

recogedor
pelle

lata de pintura
pot de peinture

tornillos
vis

instrumentos musicales
instruments de musique

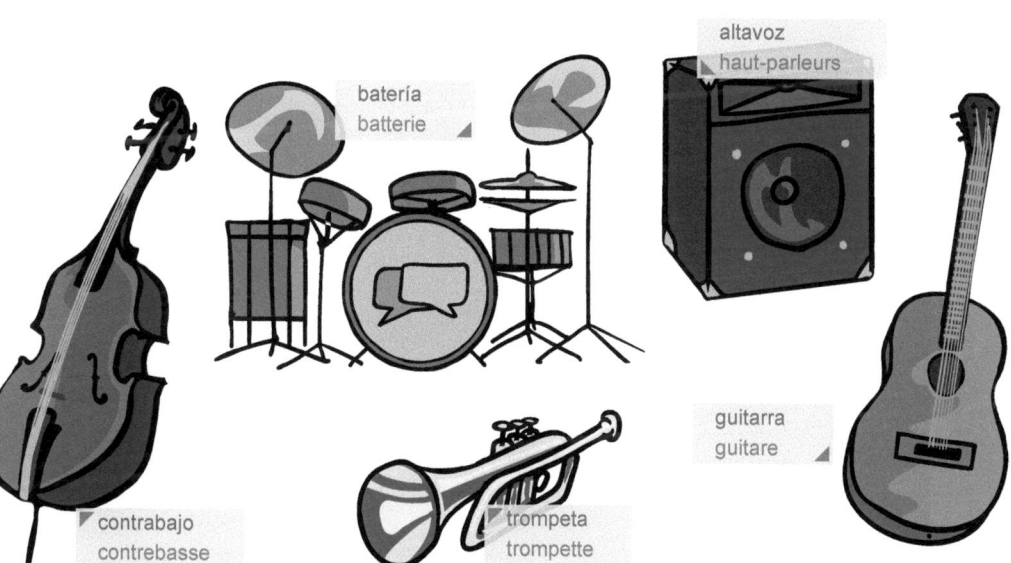

altavoz
haut-parleurs

batería
batterie

contrabajo
contrebasse

trompeta
trompette

guitarra
guitare

piano

piano

violín

violon

bajo

basse

timbales

timbales

tambor

tambour

teclado

piano électrique

saxofón

saxophone

flauta

flûte

micrófono

microphone

instrumentos musicales - instruments de musique

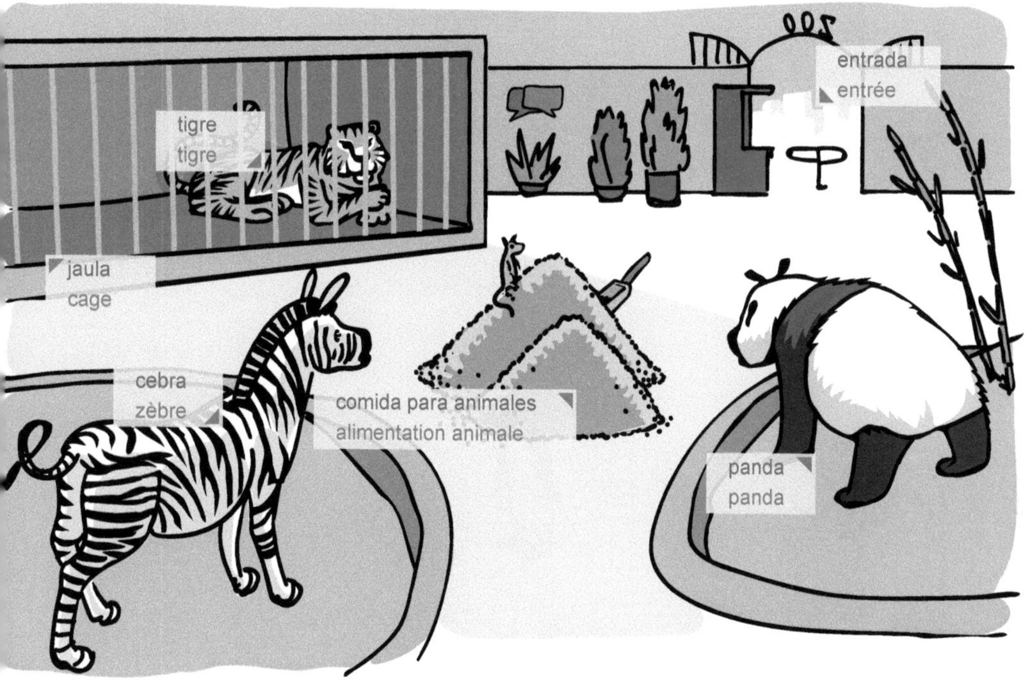

entrada
entrée

tigre
tigre

jaula
cage

cebra
zèbre

comida para animales
alimentation animale

panda
panda

animales
animaux

elefante
éléphant

canguro
kangourou

rinoceronte
rhinocéros

gorila
gorille

oso
ours

camello
chameau

avestruz
autruche

león
lion

mono
singe

flamengo
flamand rose

papagayo
perroquet

oso polar
ours polaire

pingüino
pingouin

tiburón
requin

pavo real
paon

serpiente
serpent

cocodrilo
crocodile

cuidador del zoológico
gardien de zoo

foca
phoque

jaguar
jaguar

zoológico - zoo

pony

poney

leopardo

léopard

hipopótamo

hippopotame

jirafa

girafe

águila

aigle

jabalí

sanglier

pescado

poisson

tortuga

tortue

morsa

morse

zorro

renard

gacela

gazelle

zoológico - zoo

fútbol americano
american Football

ciclismo
cyclisme

tenis
tennis

baloncesto
basket-ball

natación
natation

boxeo
boxe

hockey sobre hielo
hockey sur glace

fútbol
football

badminton
badminton

atletismo
athlétisme

balonmano
handball

esquí
ski

polo
polo

actividades

activités

saltar
sauter
abrazar
embrasser
reír
rire
caminar
marcher
cantar
chanter
soñar
rêver
rezar
prier
besar
faire la bise

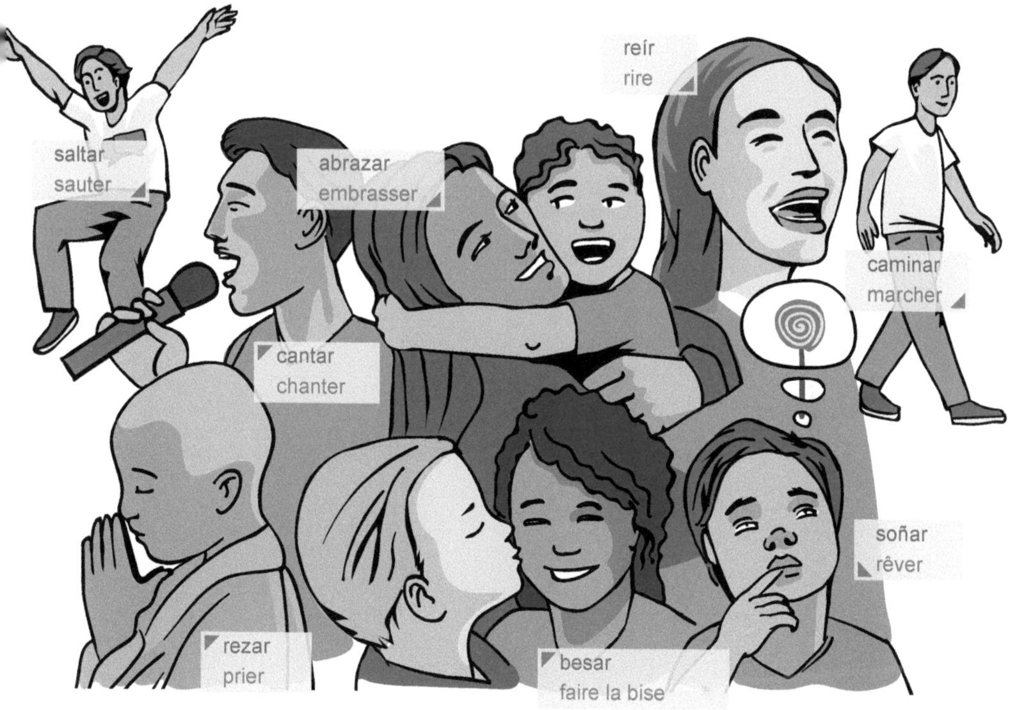

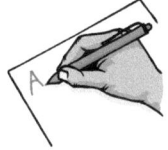

escribir

écrire

dibujar

dessiner

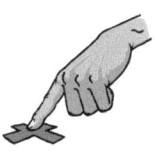

mostrar

montrer

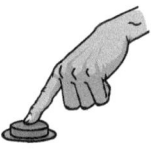

presionar

pousser

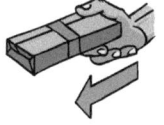

dar

donner

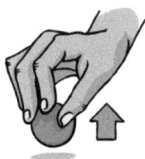

tomar

prendre

tener

avoir

hacer

faire

ser

être

estar de pie

être debout

correr

courir

tirar

trier

arrojar

jeter

caer

tomber

estar acostado

être couché

esperar

attendre

llevar

porter

estar sentado

être assis

vestirse

s'habiller

dormir

dormir

despertar

se réveiller

mirar

regarder

llorar

pleurer

acariciar

caresser

peinarse

peigner

conversar

parler

entender

comprendre

preguntar

demander

oír

écouter

beber

boire

comer

manger

asear

ranger

amar

aimer

cocinar

cuire

conducir

conduire

volar

voler

navegar

faire de la voile

calcular

calculer

leer

lire

aprender

apprendre

trabajar

travailler

casarse

se marier

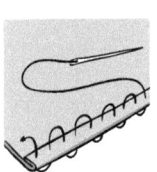

coser

coudre

limpiarse los dientes

brosser les dents

matar

tuer

fumar

fumer

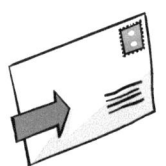

enviar

envoyer

familia
famille

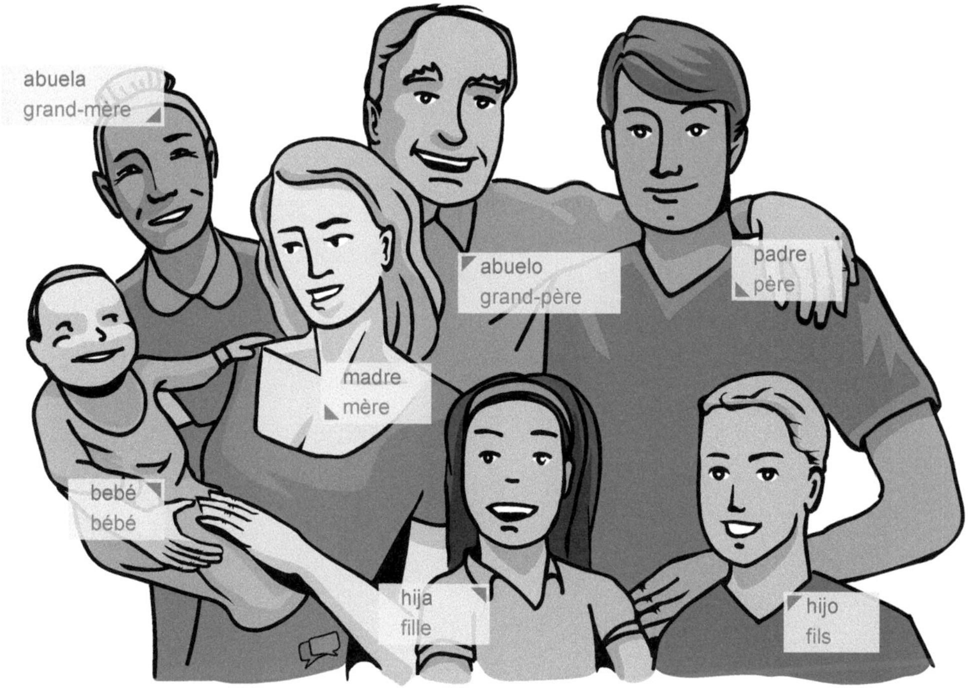

abuela
grand-mère
abuelo
grand-père
padre
père
madre
mère
bebé
bébé
hija
fille
hijo
fils

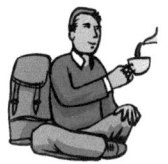

invitado
hôte

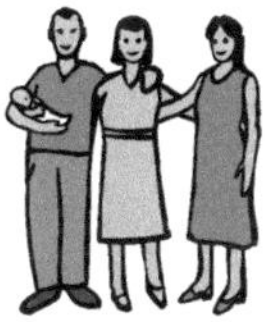

tía
tante

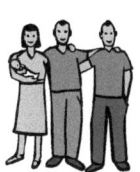

tío
oncle

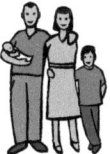

hermano
frère

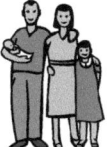

hermana
sœur

cuerpo
corps

frente
front
ojo
œil
hombro
épaule
dedo
doigt
cara
visage
barbilla
menton
mano
main
pierna
jambe
pecho
poitrine
brazo
bras

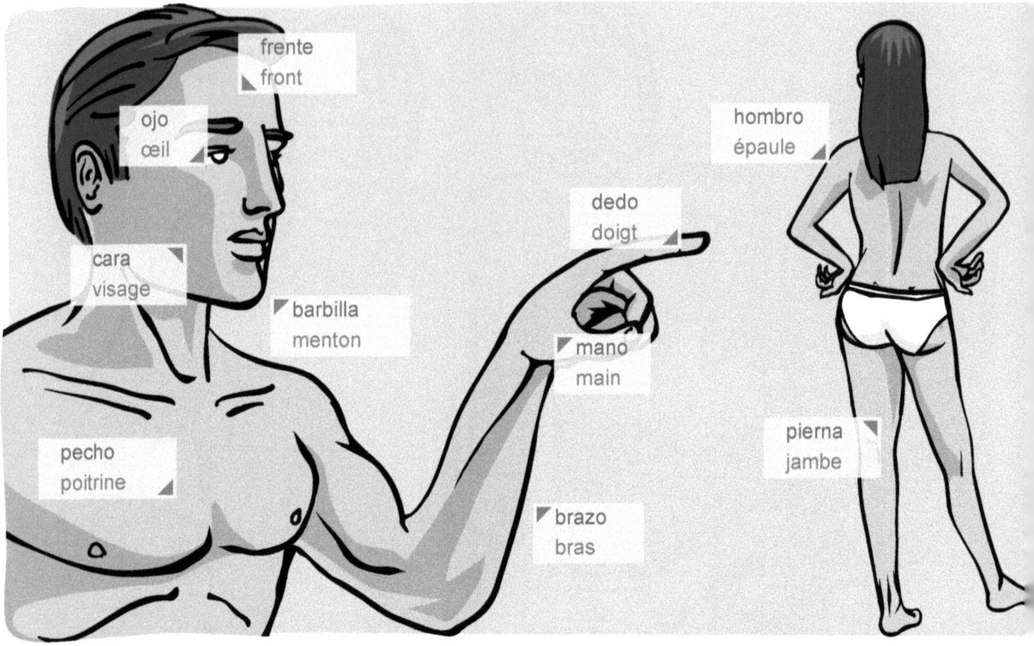

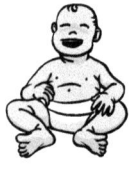

bebé

bébé

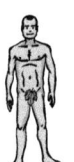

hombre

homme

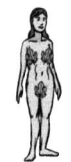

mujer

femme

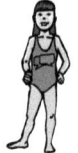

muchacha

fille

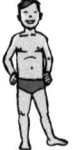

joven

garçon

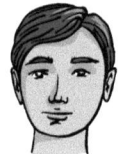

cabeza

tête

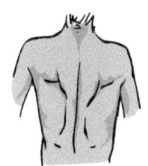

espalda
dos

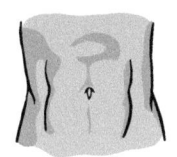

vientre
ventre

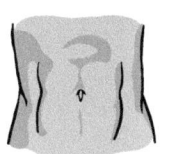

ombligo
nombril

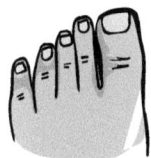

dedo del pie
orteil

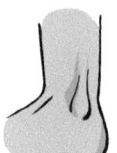

talón
talon

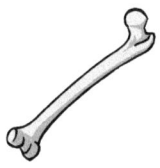

hueso
os

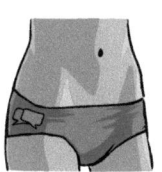

cadera
hanche

rodilla
genou

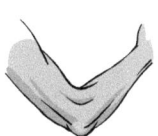

codo
coude

nariz
nez

trasero
fesses

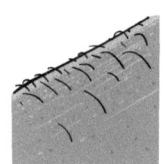

piel
peau

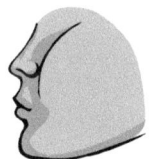

mejilla
joue

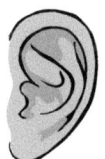

oreja
oreille

labio
lèvre

cuerpo - corps

boca

bouche

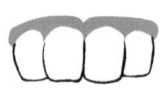

diente

dent

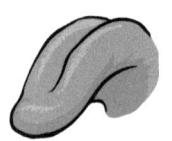

lengua

langue

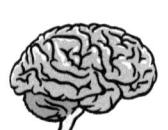

cerebro

cerveau

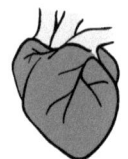

corazón

cœur

músculo

muscle

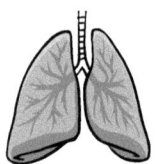

pulmón

poumons

hígado

foie

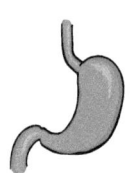

estómago

estomac

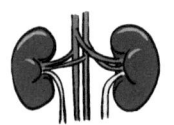

riñones

reins

relación sexual

rapport sexuel

condón

préservatif

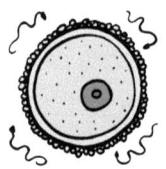

Óvulo

ovule

esperma

sperme

embarazo

grossesse

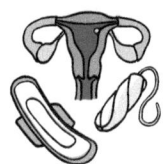

menstruación

menstruation

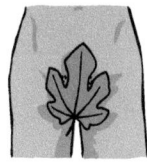

vagina

vagin

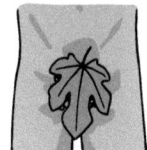

pene

pénis

ceja

sourcil

cabello

cheveux

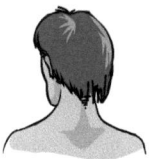

cuello

cou

hospital
hôpital

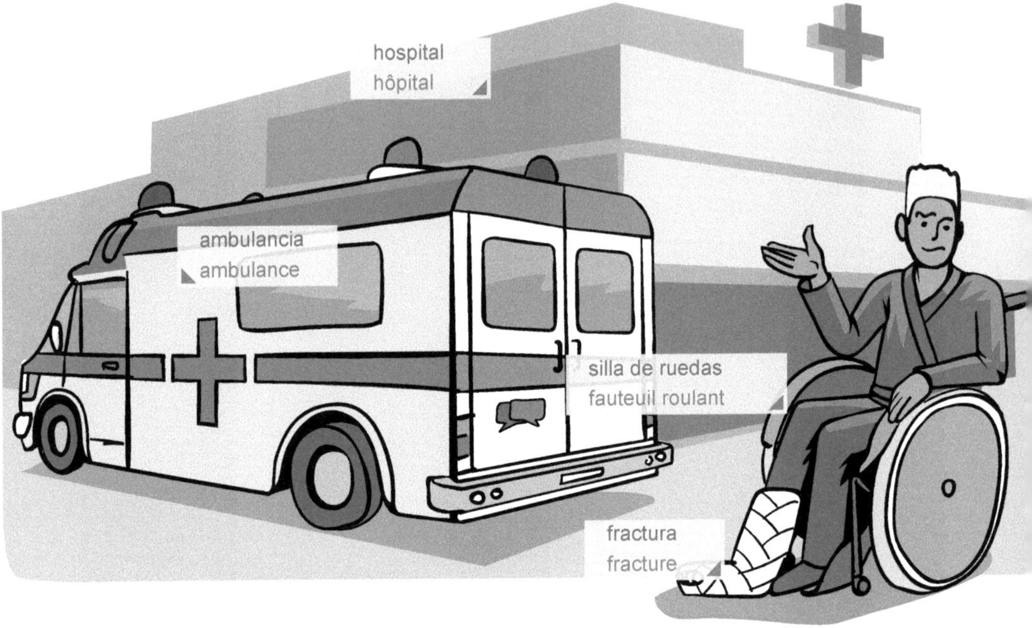

hospital
hôpital
ambulancia
ambulance
silla de ruedas
fauteuil roulant
fractura
fracture

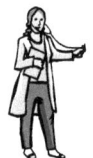

médico
médecin

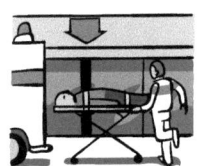

admisión de urgencia
service des urgences

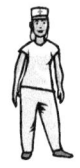

enfermera
infirmière

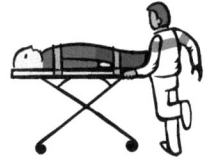

emergencia
urgence

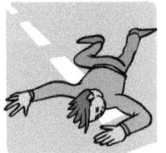

inconsciente
inconscient

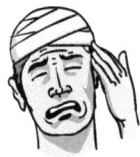

dolor
douleur

lesión

blessure

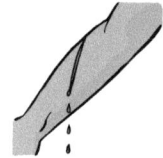

hemorragia

hémorragie

infarto de miocardio

crise cardiaque

apoplejía cerebral

attaque cérébrale

alergia

allergie

tos

toux

fiebre

fièvre

gripe

grippe

diarrea

diarrhée

dolor de cabeza

mal de tête

cáncer

cancer

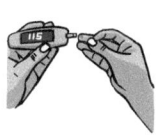

diabetes

diabète

cirujano

chirurgien

escalpelo

scalpel

operación

opération

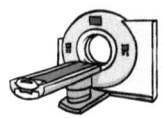

TC
CT

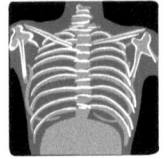

rayos X
radiographie

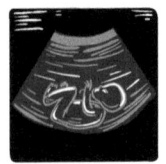

ultrasonido
échographie

máscara
masque

enfermedad
maladie

sala de espera
salle d'attente

muleta
béquille

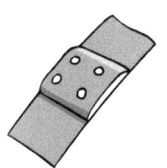

emplasto
pansement

vendaje
pansement

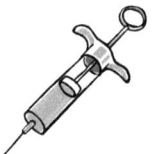

inyección
injection

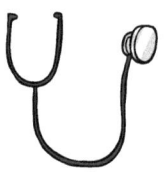

estetoscopio
stéthoscope

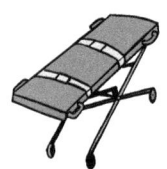

camilla
brancard

termómetro
thermomètre

nacimiento
accouchement

sobrepeso
surcharge pondérale

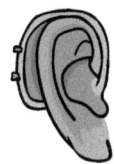

audífono

appareil auditif

desinfectante

désinfectant

infección

infection

virus

virus

VIH / SIDA

VIH / sida

medicina

médicament

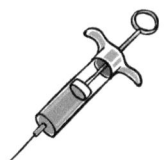

vacunación

vaccination

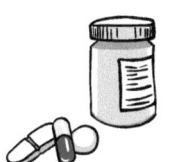

comprimido

comprimés

píldora anticonceptiva

pilule

llamada de emergencia

appel d'urgence

medidor de presión arterial

tensiomètre

enfermo / saludable

malade / sain

¡Ayuda!

Au secours !

alarma

alarme

asalto

assaut

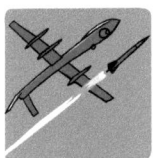

ataque

attaque

peligro

danger

salida de emergencia

sortie de secours

¡Fuego!

Au feu!

extintor

extincteur

accidente

accident

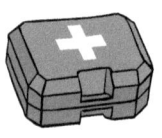

kit de primeros auxilios

trousse de premier secours

SOS

SOS

Policía

police

Europa

Europe

América del Norte

Amérique du Nord

América del Sur

Amérique du Sud

África

Afrique

Asia

Asie

Australia

Australie

Atlántico

Océan atlantique

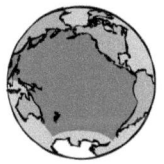

Pacífico

Océan pacifique

Océano Índico

Océan indien

Océano Antártico

Océan antarctique

Océano Ártico

Océan arctique

Polo Norte

pôle nord

Polo Sur

pôle sud

Antártida

Antarctique

Tierra

terre

país

pays

mar

mer

isla

île

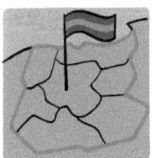

nación

nation

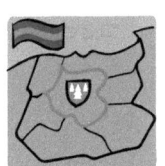

Estado

état

cuadrante

cadran

horario

aiguille des heures

minutero

aiguille des minutes

segundero

aiguille des secondes

¿Qué hora es?

Quelle heure est-il ?

día

jour

tiempo

temps

ahora

maintenant

reloj digital

montre digitale

minuto

minute

hora

heure

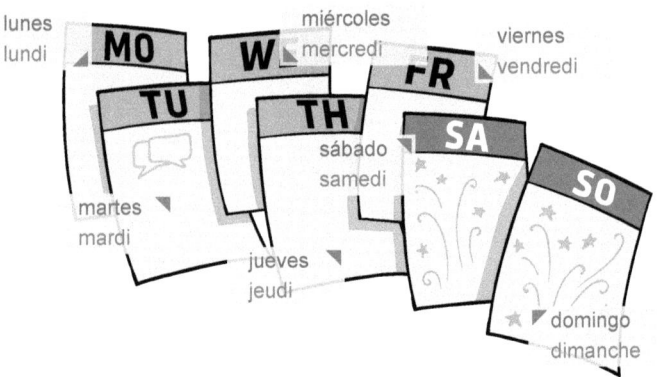

lunes / lundi

miércoles / mercredi

viernes / vendredi

martes / mardi

jueves / jeudi

sábado / samedi

domingo / dimanche

ayer

hier

hoy

aujourd'hui

mañana

demain

mañana

matin

mediodía

midi

tarde

soir

jornada de trabajo

jours ouvrables

fin de semana

week-end

año
année

lluvia
pluie
arco iris
arc-en-ciel
nieve
neige
viento
vent
primavera
printemps
otoño
automne
verano
été
invierno
hiver

4.APRIL 11°
5.APRIL 4°
6.APRIL 13°
7.APRIL 8°
8.APRIL 10°

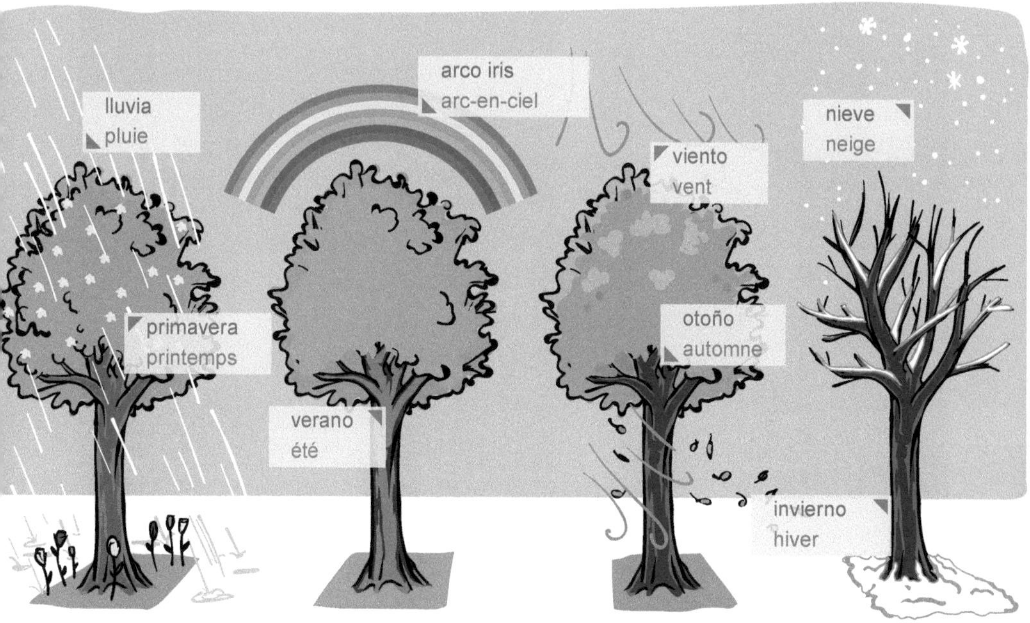

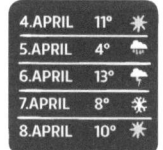

pronóstico meteorológico

météo

F C
120 40
90 30
60 20
30 10
0 0
-30 -10
-20

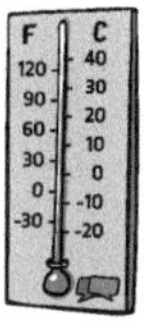

termómetro

thermomètre

luz solar

lumière du soleil

nube

nuage

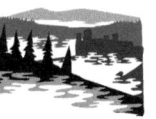

niebla

brouillard

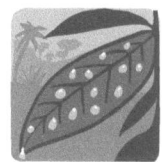

humedad ambiente

humidité

relámpago

foudre

trueno

tonnerre

tormenta

tempête

granizo

grêle

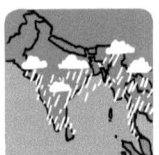

monzón

mousson

inundación

inondation

hielo

glace

enero

janvier

febrero

février

marzo

mars

abril

avril

mayo

mai

junio

juin

julio

juillet

agosto

août

año - année

septiembre

septembre

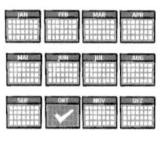

octubre

octobre

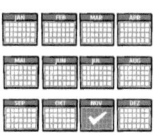

noviembre

novembre

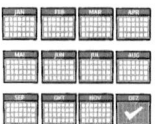

diciembre

décembre

formas
formes

círculo

cercle

cuadrado

carré

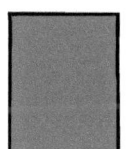

rectángulo

rectangle

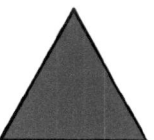

triángulo

triangle

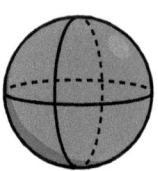

esfera

sphère

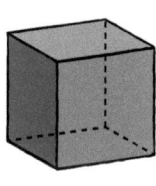

cubo

cube

blanco

blanc

amarillo

jaune

anaranjado

orange

rosa

rose

rojo

rouge

lila

violet

azul

bleu

verde

vert

marrón

marron

gris

gris

negro

noir

mucho / poco

beaucoup / peu

enojado / calmado

fâché / calme

bonito / feo

joli / laid

comienzo / fin

début / fin

grande / pequeño

grand / petit

claro / oscuro

clair / obscure

hermano / hermana

frère / soeur

limpio / sucio

propre / sale

completo / incompleto

complet / incomplet

día / noche

jour / nuit

muerto / vivo

mort / vivant

ancho / angosto

large / étroit

disfrutable / no disfrutable

....

comestible / incomestible

malo / amigable

méchant / gentil

excitado / aburrido

excité / ennuyé

gordo / delgado

....

gros / mince

primero / último

premier / dernier

amigo / enemigo

ami / ennemi

lleno / vacío

....

plein / vide

duro / suave

....

dur / souple

pesado / liviano

....

lourd / léger

hambre / sed

....

faim / soif

enfermo / saludable

....

malade / sain

ilegal / legal

....

illégal / légal

inteligente / tonto

....

intelligent / stupide

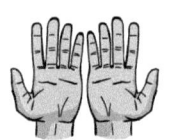

izquierda / derecha

....

gauche / drolte

cercano / lejano

....

proche / loin

nuevo / usado
....
nouveau / usé

nada / algo
....
rien / quelque chose

viejo / joven
....
vieux / jeune

encendido / apagado
....
marche / arrêt

abierto / cerrado
....
ouvert / fermé

bajo / fuerte
....
faible / fort

rico / pobre
....
riche / pauvre

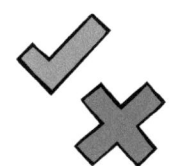

correcto / incorrecto
....
correct / incorrect

áspero / liso
....
rugueux / lisse

triste / alegre
....
triste / heureux

breve / extenso
....
court / long

lento / veloz
....
lent / rapide

mojado / seco
....
mouillé / sec

caliente / frío
....
chaud / froid

guerra / paz
....
guerre / paix

0

cero

zéro

1

uno

un / une

2

dos

deux

3

tres

trois

4

cuatro

quatre

5

cinco

cinq

6

seis

six

7

siete

sept

8

ocho

huit

9

nueve

neuf

10

diez

dix

11

once

onze

12

doce
douze

13

trece
treize

14

catorce
quatorze

15

quince
quinze

16

dieciséis
seize

17

diecisiete
dix-sept

18

dieciocho
dix-huit

19

diecinueve
dix-neuf

20

veinte
vingt

100

cien
cent

1.000

mil
mille

1.000.000

millón
million

números - nombres

idiomas
langues

inglés

anglais

inglés estadounidense

anglais américain

chino mandarín

chinois mandarin

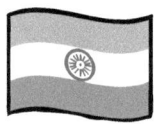

hindi

hindi

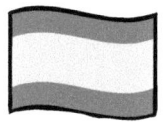

español

espagnol

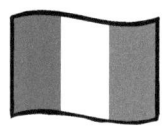

francés

français

árabe

arabe

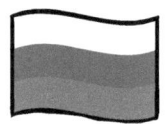

ruso

russe

portugués

portugais

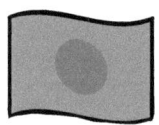

bengalí

bengali

alemán

allemand

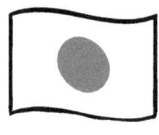

japonés

japonais

yo

je

tú

tu

él / ella

il / elle / ce, c', cela

nosotros

nous

vosotros

vous

ellos

ils / elles

¿quién?

Qui ?

¿qué?

Quoi ?

¿cómo?

Comment ?

¿dónde?

Où ?

¿cuándo?

Quand ?

nombre

nom

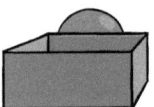

detrás

derrière

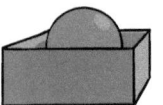

en

dans

delante de

devant

encima de

au-dessus

sobre

sur

debajo de

en-dessous

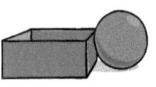

junto a

à côté de

entre

entre

lugar

lieu